shule - məktəb	2
usafiri - səyahət	5
usafiri - nəqliyyat	8
jiji - şəhər	10
mazingira - mənzərə	14
mgahawa - restoran	17
dukakuu - supermarket	20
vinywaji - içkilər	22
chakula - yemək	23
shamba - ferma	27
nyumba - ev	31
sebuleni - qonaq otağı	33
jikoni - mətbəx	35
bafu - hamam otağı	38
chumba ya mtoto - uşaq otaqı	42
nguo - geyim	44
ofisi - ofis	49
uchumi - iqtisadiyyat	51
kazi - peşə	53
zana - alətlər	56
ala za muziki - musiqi alətləri	57
bustani ya wanyama - zoopark	59
michezo - idman	62
shughuli - fəaliyyət	63
familia - ailə	67
mwili - bədən	68
hospitali - xəstəxana	72
dharura - fövqəladə hallar	76
dunia - Yer kürəsi	77
saa - saat	79
wiki - həftə	80
mwaka - il	81
maumbo - formalar	83
rangi - rənglər	84
kinyume - əksinə	85
nambari - ədədlər	88
lugha - dillər	90
ambao / nini / jinsi - kim / nə / necə	91
wapi - harada	92

Impressum
Verlag: BABADADA GmbH, Nedderfeld 112 , 22529 Hamburg
Geschäftsführer / Verlagsleitung: Harald Hof
Druck: Books on Demand GmbH, In de Tarpen 42, 22848 Norderstedt

Imprint
Publisher: BABADADA GmbH, Nedderfeld 112 , 22529 Hamburg, Germany
Managing Director / Publishing direction: Harald Hof
Print: Books on Demand GmbH, In de Tarpen 42, 22848 Norderstedt

shule

məktəb

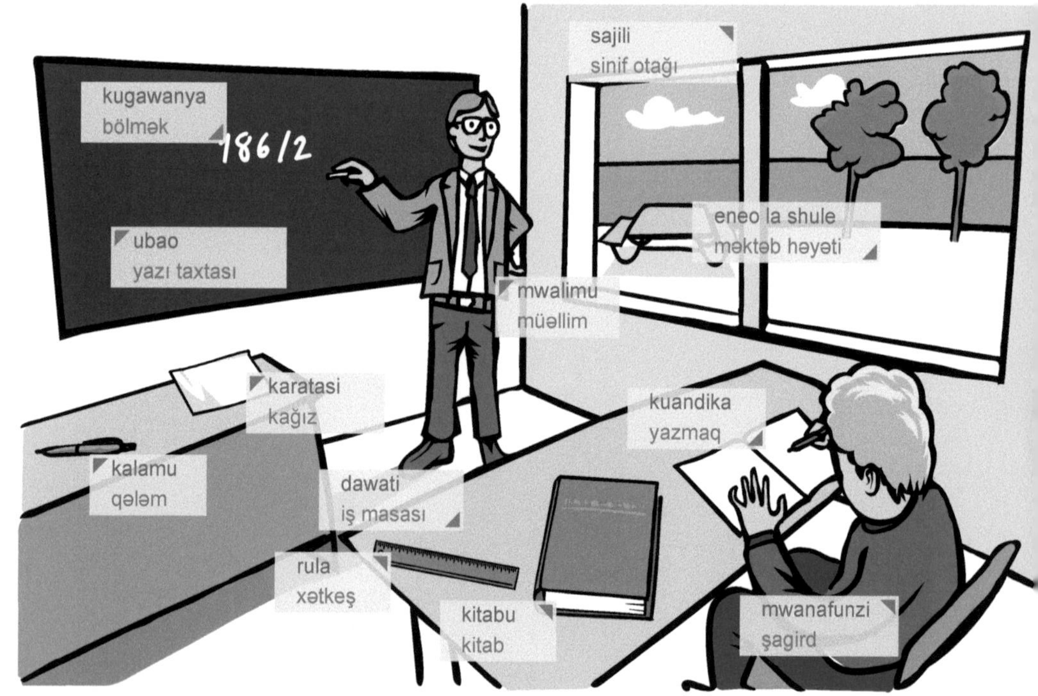

sajili
sinif otağı
kugawanya
bölmək
186/2
ubao
yazı taxtası
eneo la shule
məktəb həyəti
mwalimu
müəllim
karatasi
kağız
kuandika
yazmaq
kalamu
qələm
dawati
iş masası
rula
xətkeş
kitabu
kitab
mwanafunzi
şagird

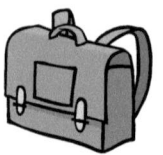

mkoba

məktəbli çantası

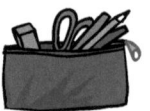

kikasha cha penseli

karandaş qabı

penseli

karandaş

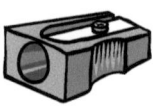

kichonga penseli

karandaş yonan

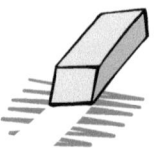

mpira

pozan

pedi ya kuchora

rəsm albomu

uchoraji

rəsm

brashi ya rangi

boya fırçası

sanduku la rangi

boya qutusu

mkasi

qayçı

gundi

yapışdırıcı

daftari

dəftər

kazi ya nyumbani

ev tapşırığı

nambari

say

jumlisha

əlavə etmək

ondoa

çıxmaq

zidisha

vurmaq

kokotoa

hesablamaq

barua

hərf

alfabeti

əlifba

neno

söz

maandishi

mətn

kusoma

oxumaq

chaki

tabaşir

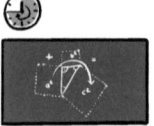

somo

dərs

sajili

sinif jurnalı

uchunguzi

imtahan

cheti

təhsil haqqında sənəd

sare za shule

məktəb uniforması

elimu

təhsil

elezo

ensiklopediya

chuo kikuu

universitet

darubini

mikroskop

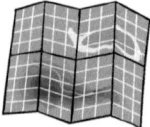

ramani

xəritə

kikapu cha kuweka karatasi chafu

zibil qutusu

hoteli
mehmanxana

Grand

hosteli
yatoqxana

ROOMS

ofisi ya ubadilishanaji
valyuta mübadiləsi məntəqəsi

ECHANGE

sanduku
çamadan

gari
avtomobil

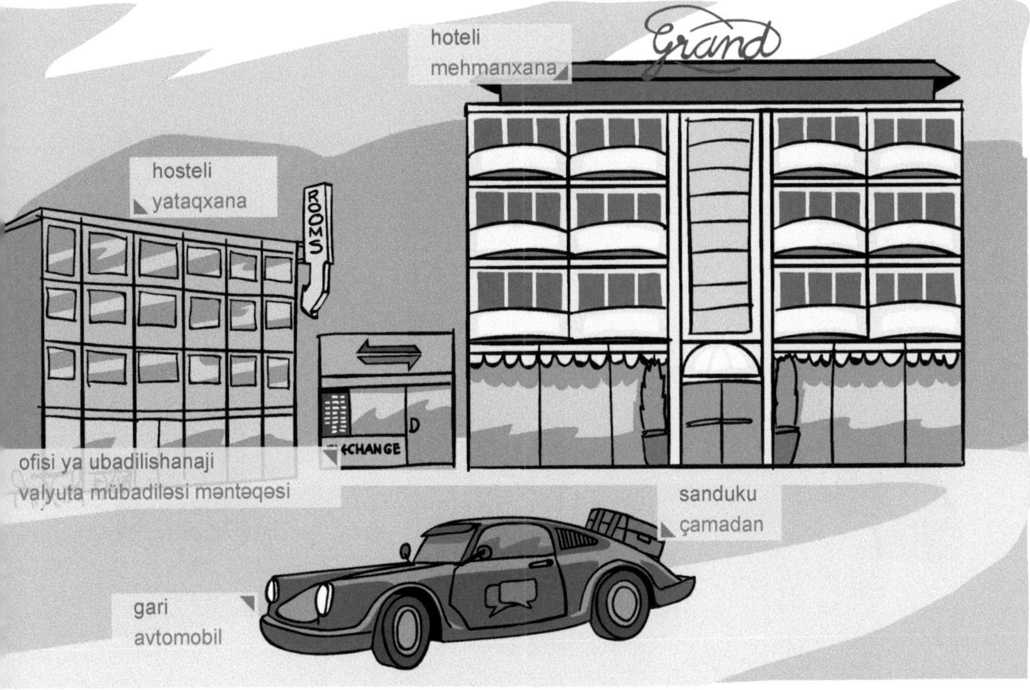

lugha

dil

ndiyo / la

bəli/xeyr

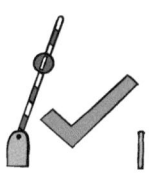

sawa

oldu

hujambo

salam

mtafsiri

tərcüməçi

Asante

Təşəkkür edirəm

kiasi gani ni ...?

giyməti nə qədərdir ...?

Sielewi

mən başa düşmürəm

tatizo

problem

Jioni njema!

Axşamınız xeyir!

Habari za asubuhi!

Sabahınız xeyir!

Usiku mwema!

Gecəniz xeyrə galsin!

kwa heri

hələlik

mwelekeo

istiqamət

mizigo

baqaj

mfuko

torba

shanta

kürək çantası

mgeni

qonaq

chumba

otaq

begi la kulalia

yataq-çuval

hema

çadır

taarifa ya utalii
....
turistlər üçün məlumat

ufuo
....
çimərlik

kadi
....
kredit kartı

kifunguakinywa
....
səhər yeməyi

chakula cha mchana
....
günorta yeməyi

chakula cha jioni
....
nahar yeməyi

tiketi
....
bilet

kuinua
....
lift

muhuri
....
poçt markası

mpaka
....
sərhəd

mila
....
gömrük

ubalozi
....
səfirlik

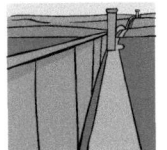

visa
....
viza

pasipoti
....
pasport

usafiri

nəqliyyat

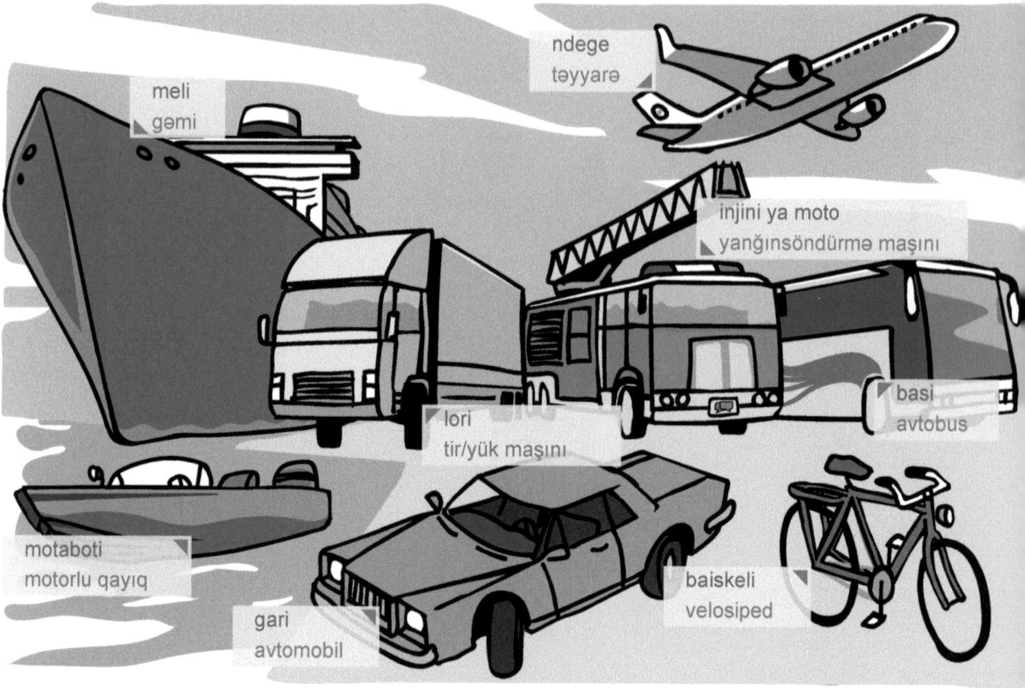

ndege
təyyarə
meli
gəmi
injini ya moto
yanğınsöndürmə maşını
lori
tir/yük maşını
basi
avtobus
motaboti
motorlu qayıq
baiskeli
velosiped
gari
avtomobil

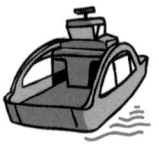

feri
....
bərə

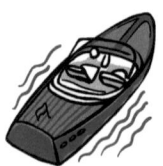

mashua
....
qayıq

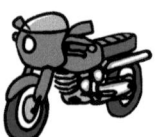

pikipiki
....
motosiklet

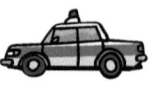

gari la polisi
....
polis avtomobili

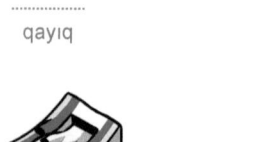

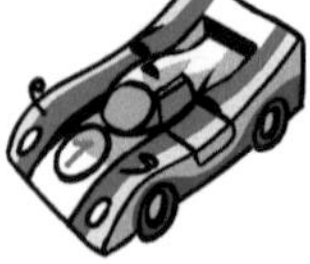

gari la mashindano
....
yarış avtomobili

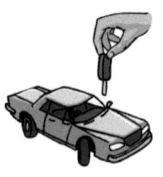

gari la kukodisha
....
icarə avtomobili

kushiriki gari

avtomobil icarəsi

lori la kuvuta

texniki yardım maşını

ukusanyaji taka

zibil maşını

motor

mühərrik

mafuta

yanacaq

kituo cha mafuta

benzin doldurma məntəqəsi

ishara trafiki

yol nişanı

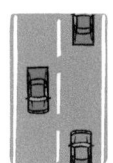

trafiki

yol hərəkəti

msongamano

tıxac

maegesho

avtomobil dayanacağı

kituo cha treni

dəmir yolu stansiyası

reli

dəmiryol

garimoshi

qatar

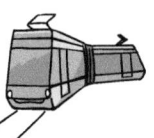

tremu

tramvay

gari la mizigo

vaqon

helikopta

helikopter

uwanja wa ndege

hava limanı

mnara

qüllə

abiria

sərnişin

chombo

konteyner

katoni

karton qutu

mkokoteni

əl arabası

kikapu

səbət

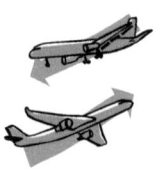

ondoka

qalxmaq / enmək

jiji

şəhər

kijiji

kənd

katikati ya jiji

şəhər mərkəzi

nyumba

ev

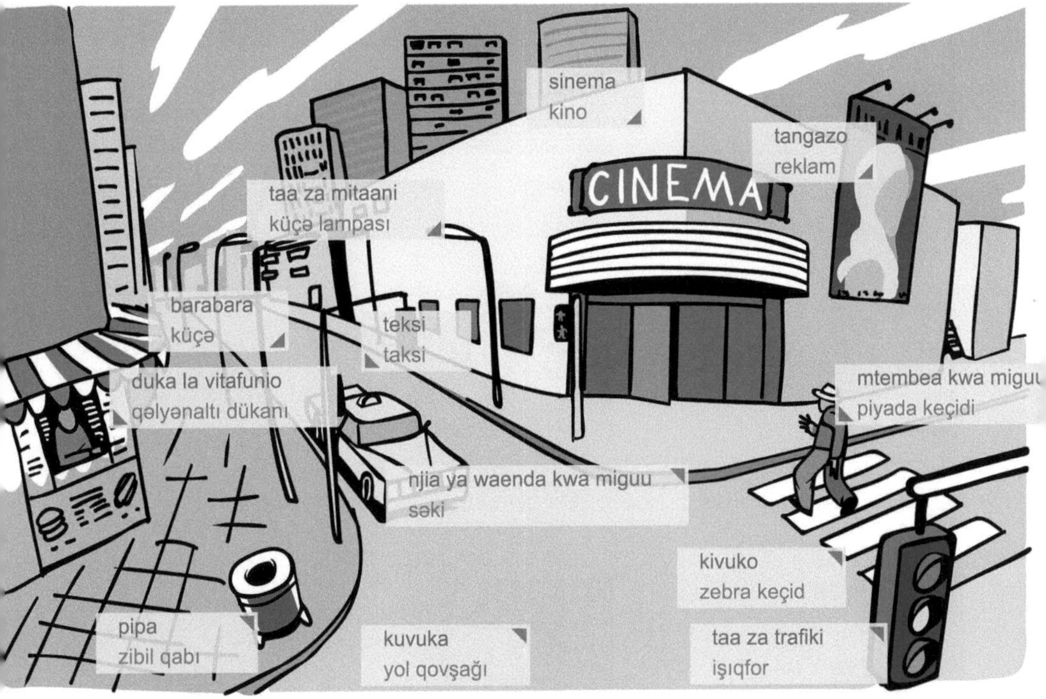

CINEMA

sinema / kino

tangazo / reklam

taa za mitaani / küçə lampası

barabara / küçə

teksi / taksi

duka la vitafunio / qəlyənaltı dükanı

mtembea kwa miguu / piyada keçidi

njia ya waenda kwa miguu / səki

kivuko / zebra keçid

pipa / zibil qabı

kuvuka / yol qovşağı

taa za trafiki / işıqfor

kibanda

daxma

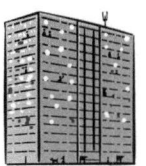

gorofa

mənzil

kituo cha treni

dəmir yolu stansiyası

ukumbi wa mji

bələdiyyə binası

Makavazi

muzey

shule

məktəb

chuo kikuu

universitet

benki

bank

hospitali

xəstəxana

hoteli

mehmanxana

duka la dawa

aptek

ofisi

ofis

duka la kitabu

kitab dükkanı

duka

dükan

duka la maua

çiçək dükanı

dukakuu

supermarket

soko

bazar

idara ya kuhifadhi

univermaq

mwuza samaki

balıq satıcısı

kituo cha ununuzi

ticarət mərkəzi

bandari

liman

Hifadhi

park

benki

oturacaq

daraja

körpü

vidato

pilləkən

chini ya ardhi

metro

handaki

tunel

kituo cha mabasi

avtobus dayanacağı

bar

bar

mgahawa

restoran

sanduku la posta

poçt qutusu

ishara ya barabara

küçə nişanı

mita ya maegesho

parkinq sayğacı

bustani ya wanyama

zoopark

kidimbwi cha kuogelea

üzgüçülük hovuzu

msikiti

məscid

shamba

ferma

uchafuzi

ətraf mühitin çirklənməsi

makaburini

məzarlıq

kanisa

kilsə

uwanja wa michezo

oyun meydançası

hekalu

məbəd

mazingira
mənzərə

jani
yarpaq

ishara ya mwelekeo
yol nişanı

njia
yol

malisho
çəmən

jiwe
daş

mti
ağac

mtembeaji wa masafa
piyada səyyah

mto
çay

nyasi
ot

ua
gül

mazingira - mənzərə

bonde
vadi

kilima
təpə

ziwa
göl

msitu
meşə

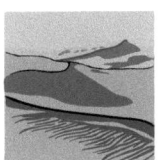

jangwa
səhra

volkano
vulkan

ngome
qəsr

upinde wa mvua
göy qurşağı

uyoga
göbələk

mtende
palma

mbu
ağcaqanad

kuruka
milçək

chungu
qarışqa

nyuki
arı

buibui
hörümçək

mende

böcək

chura

qurbağa

kuchakuro

dələ

nungunungu

kirpi

sungura

dovşan

bundi

bayquş

ndege

quş

swan

qu quşu

nguruwe mwitu

qaban

kulungu

maral

aina ya kongoni

sığın

bwawa

su bəndi

tabo ya upepo

külək turbini

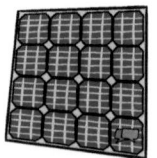

nishaji ya jua

günəş batareyası

hali ya hewa

iqlim

mgahawa
restoran

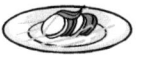

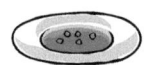

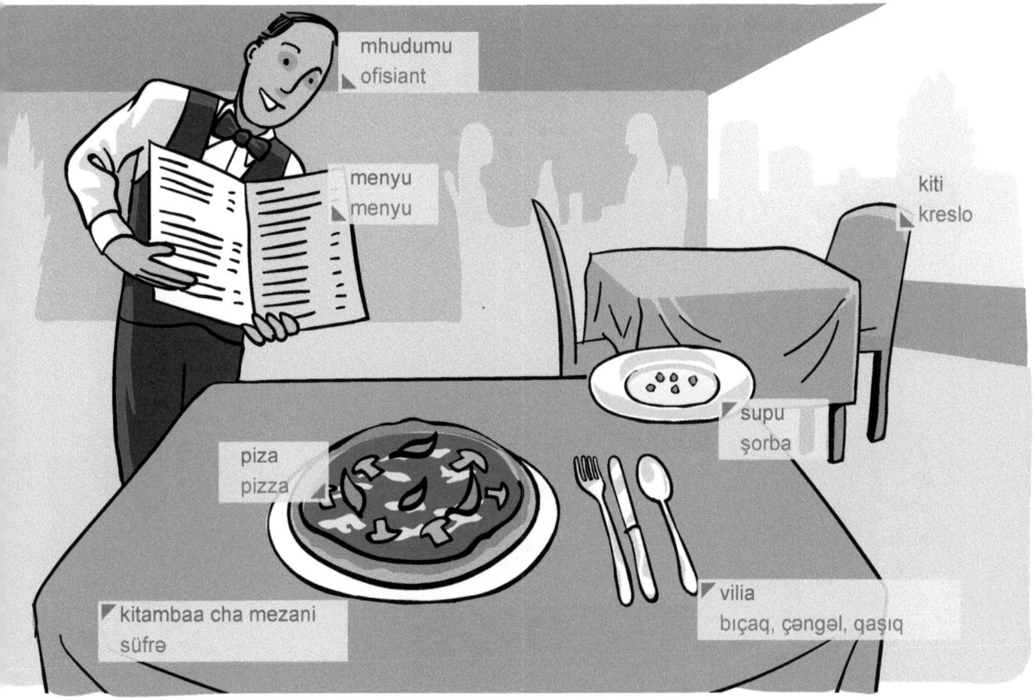
mhudumu
ofisiant
menyu
menyu
kiti
kreslo
supu
şorba
piza
pizza
vilia
bıçaq, çəngəl, qaşıq
kitambaa cha mezani
süfrə

kiamsha hamu

məzə

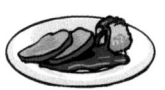

kozi kuu

əsas yemək

kitindamlo

desert

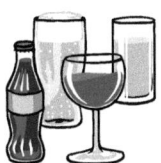

vinywaji

içkilər

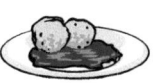

chakula

yemək

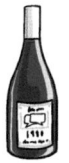

chupa

şüşə

chakula cha haraka

fast food

Streetfood

küçə yeməkləri

buli

çaynik

kisanduku cha sukari

qəndqabı

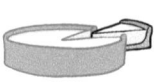

sehemu

pay

mashine ya espresso

espresso maşını

kiti kirefu

hündür uşaq kreslosu

muswada

faktura

trei

nimçə

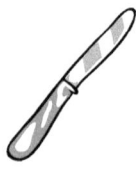

kisu

bıçaq

uma

çəngəl

kijiko

qaşıq

kijiko cha chai

çay qaşığı

nepi

salfet

glasi

şüşə

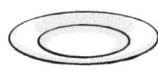

sahani

boşqab

sahani ya supu

şorba boşqabı

sufuria

nəlbəki

mchuzi

sous

kichanyaji chumvi

duz qabı

kinu cha pilipili

bibərüyüdən

siki

sirkə

mafuta

duru yağ

viungo

ədviyyat

kechapu

ketçup

haradali

xardal

kachumbari nzito

mayonez

dukakuu
supermarket

ofa maalum
xüsusi təklif
FOR
mteja
müştəri
maziwa
süd məhsulları
matunda
meyvə
toroli
alış-veriş arabası

BUTCHERS

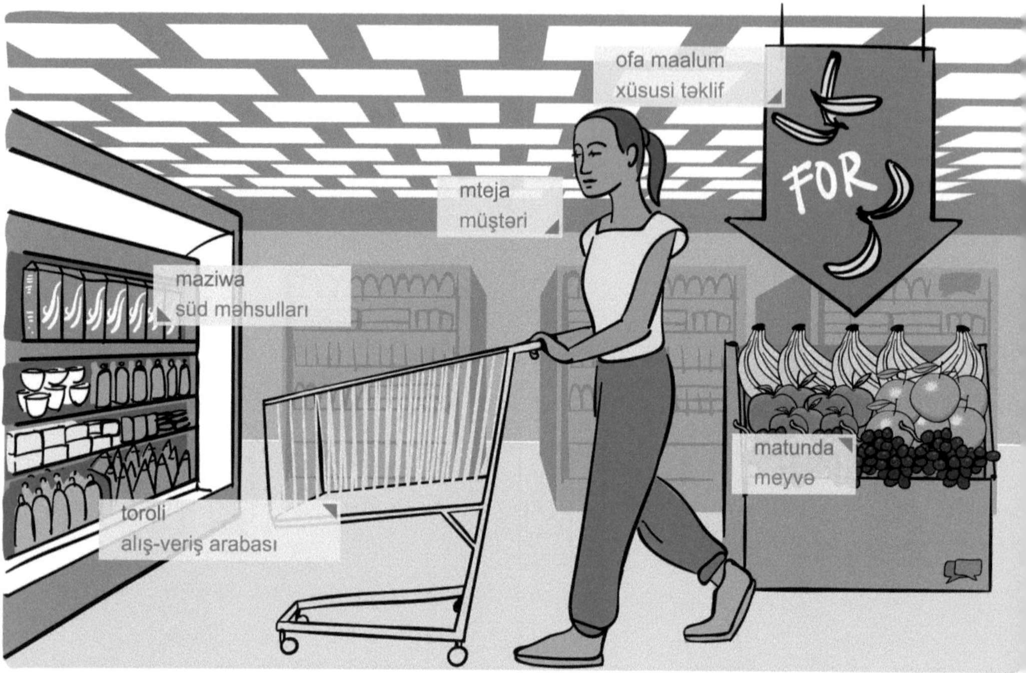

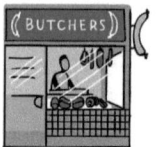

mchinjaji

qəssab dükanı

BAKERY

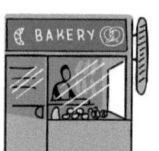

mwokaji

çörəkçi

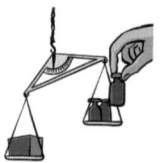

uzito

çəkmək

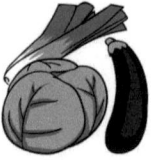

mboga

tərəvəz

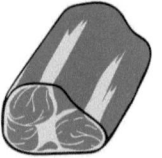

nyama

ət

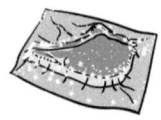

chakula waliohifadhiwa

dondurulmuş qida

vipande vya nyama baridi

soyuq ət yeməyi

chakula cha kopo

konservləşdirilmiş qida

sabuni ya unga

yuyucu toz

pipi

şirniyyat

bidhaa za kaya

təsərrüfat malları

bidhaa za kusafisha

yuyucu vasitələr

mtu mauzo

satıcı

mpaka

kassa

keshia

kassir

orodha ya manunuzi

alış-veriş siyahısı

masaa ya ufunguzi

iş saatları

mkoba

pul kisəsi

kadi

kredit kartı

mfuko

torba

mfuko wa plastiki

plastik torba

maji

su

sharubati

şirə

maziwa

süd

coke

cola

mvinyo

şərab

bia

pivə

pombe

alkoqollu içkilər

kakao

kakao

chai

çay

kahawa

qəhvə

spreso

espresso

kapuchino

kapuçino

ndizi

banan

tufaha

alma

machungwa

portağal

tikiti

yemiş

lemon

limon

karoti

yerkökü

kitunguu saumu

sarımsaq

mianzi

bambuq

kitunguu

soğan

uyoga

göbələk

karanga

qoz-fındıq

nudo

əriştə

spageti

spagetti

mpunga

düyü

saladi

salat

vibanzi

cips

viazi vya kukaanga

qızardılmış kartof

piza

pizza

hambaga

hamburger

sandwichi

sandviç

kipande

eskalop

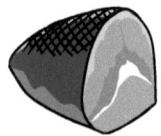

paja la mnyama

hisə verilmiş donuz əti

salami

salyami

soseji

kolbasa

kuku

toyuq

choma

qızardılmış ət tikəsi

samaki

balıq

chakula - yemək

oats ya uji

yulaf yarması

muesli

müsli

cornflakes

partlaq qarğıdalı

unga

un

kroisanti

kruassan

andazi

bulka

mkate

çörək

mkate wa kubanika

tost

biskuti

peçenye

siagi

kərə yağı

maziwa mgando

kəsmik

keki

tort

yai

yumurta

yai kukaanga

qayğanaq

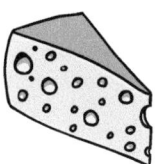

jibini

pendir

chakula - yemək

aiskrimu

dondurma

sukari

şəkər

asali

bal

jemu

mürəbbə

kuenea kwa chokoleti

şokolad pastası

mchuzi wa viungo

köri

chakula - yemək

shamba
ferma

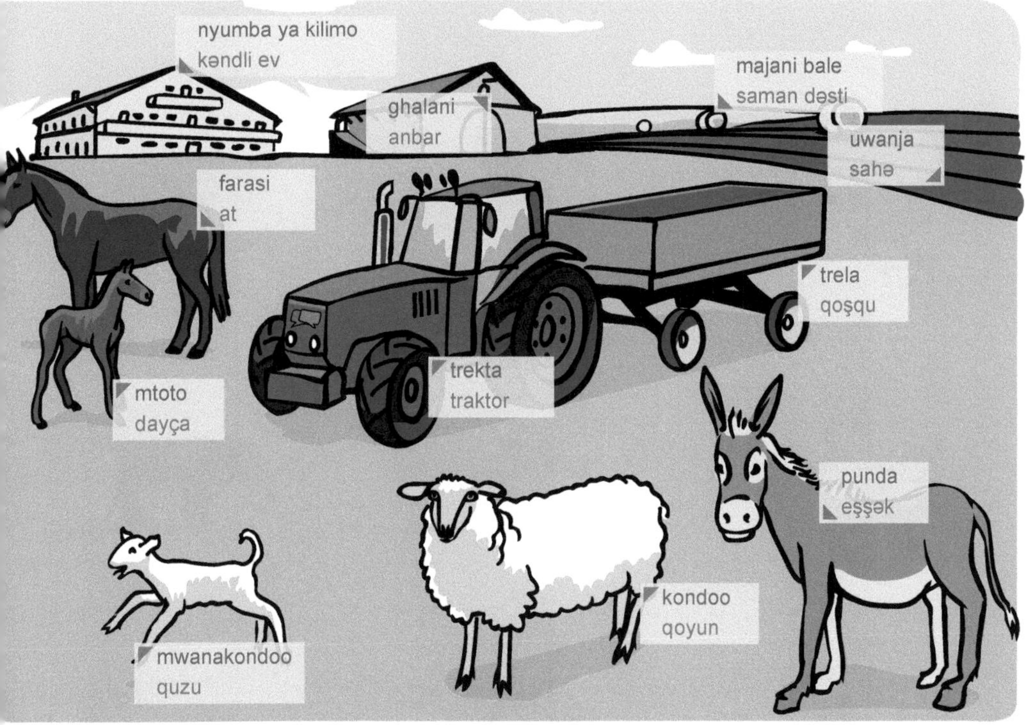
nyumba ya kilimo
kəndli ev
majani bale
saman dəsti
ghalani
anbar
uwanja
sahə
farasi
at
trela
qoşqu
trekta
traktor
mtoto
dayça
punda
eşşək
kondoo
qoyun
mwanakondoo
quzu

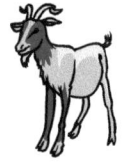

mbuzi

keçi

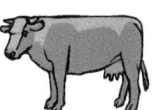

ng'ombe

inək

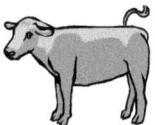

ndama

dana

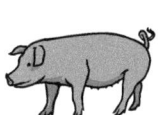

nguruwe

donuz

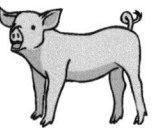

mwananguruwe

donuz balası

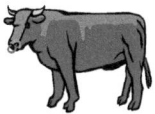

fahali

öküz

batabukini

qaz

bata

ördək

kifaranga

cücə

kuku

toyuq

jogoo

xoruz

panya

siçovul

paka

pişik

panya

siçan

ng'ombe

öküz

mbwa

it

nyumba ya mbwa

itdamı

bomba la bustani

bağ şlanqı

debe la kumwagilia maji

susəpən

fyekeo

dəryaz

kulima

kotan

mundu

oraq

jembe

kətman

uma wa nyasi

yaba

shoka

balta

toroli

əl arabası

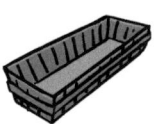

kupitia nyimbo

çalov

chombo cha maziwa

süd bidonu

gunia

çuval

ua

çəpər

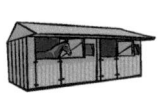

imara

tövlə

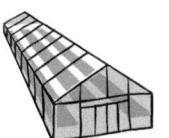

chafu

istixana

udongo

torpaq

mbegu

toxum

mbolea

gübrə

kivunaji

taxılbiçən kombayn

mavuno

məhsul yığmaq

mavuno

məhsul yığımı

viazi vikuu

yam

ngano

buğda

soya

soya

viazi

kartof

mahindi

dən

rapa

raps

mti wa matunda

meyvə ağacı

muhogo

maniok

nafaka

yarma

nyumba

ev

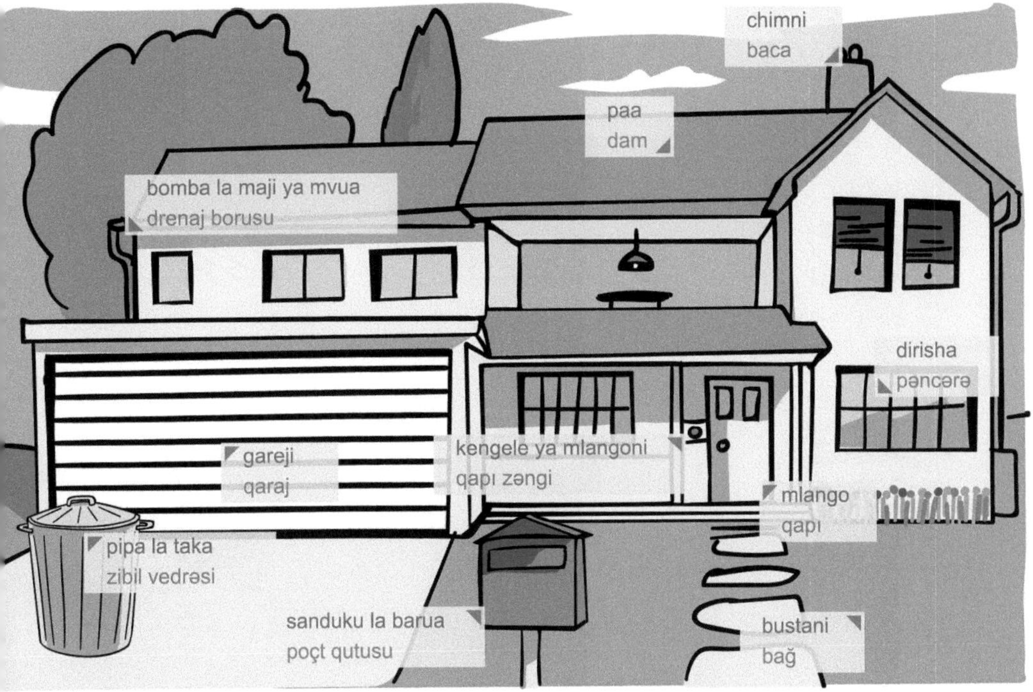

chimni
baca
paa
dam
bomba la maji ya mvua
drenaj borusu
dirisha
pəncərə
gareji
qaraj
kengele ya mlangoni
qapı zəngi
mlango
qapı
pipa la taka
zibil vedrəsi
sanduku la barua
poçt qutusu
bustani
bağ

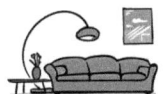

sebuleni

qonaq otağı

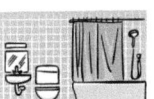

bafu

hamam otağı

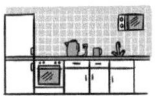

jikoni

mətbəx

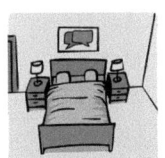

chumba cha kulala

yataq otağı

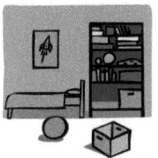

chumba ya mtoto

uşaq otaqı

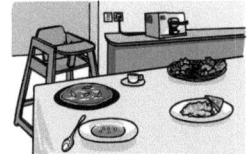

chumba cha kulia

yemək otağı

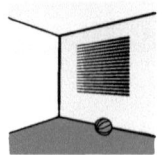

sakafu

döşəmə

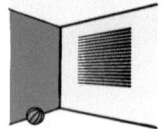

ukuta

divar

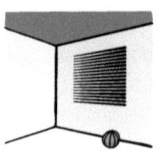

dari

tavan

pishi

zirzəmi

sauna

sauna

roshani

balkon

mtaro

terras

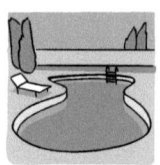

kidimbwi

üzgüçülük hovuzu

mashine ya kukata nyasi

otbiçən maşın

karatasi

mələfə

kitambaa cha kupamba
kitanda

yataq örtüyü

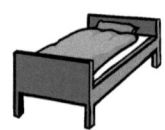

kitanda

yataq

ufagio

süpürgə

ndoo

vedrə

kubadili

elektrik açarı

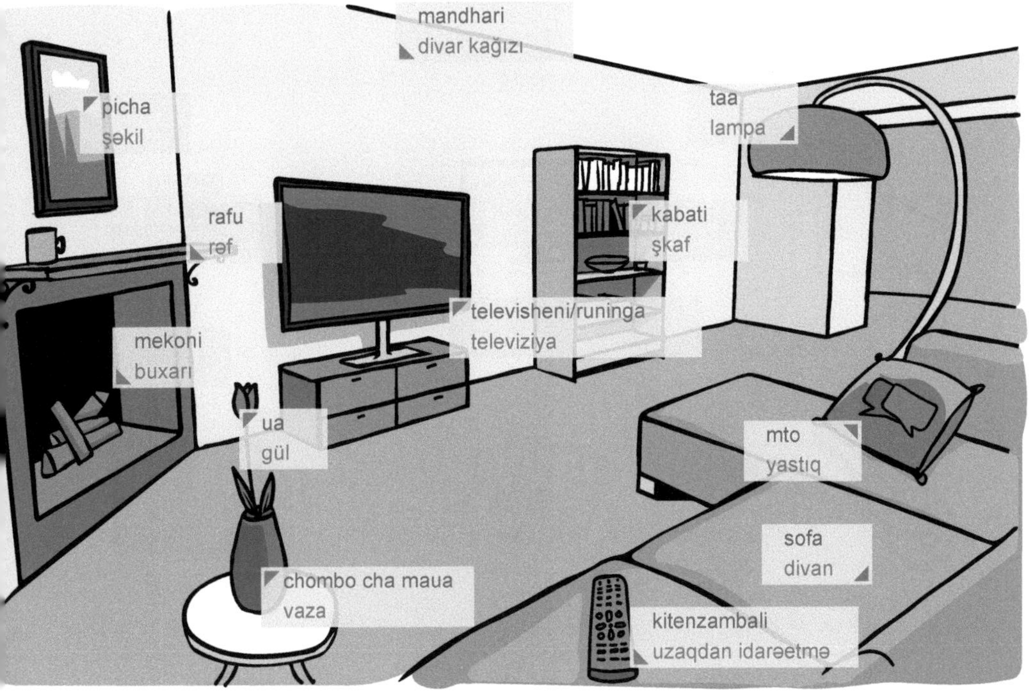

mandhari
divar kağızı

taa
lampa

picha
şəkil

rafu
rəf

kabati
şkaf

televisheni/runinga
televiziya

mekoni
buxarı

ua
gül

mto
yastıq

sofa
divan

chombo cha maua
vaza

kitenzambali
uzaqdan idarəetmə

zulia

xalça

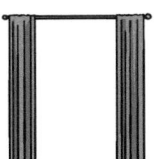

pazia

pərdə

meza

masa

kiti

kreslo

kiti cha bembea

yırğalanan stul

armchair

kreslo

kitabu

kitab

blanketi

yorğan

mapambo

bəzək

kuni

odun

filamu

film

kifaa cha hi-fi

stereo səs sistemi

ufunguo

açar

gazeti

qəzet

uchoraji

rəsm əsəri

bango

plakat

redio

radio

daftari

bloknot

kifyonza

tozsoran

dungusi kakati

kaktus

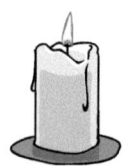

mshumaa

şam

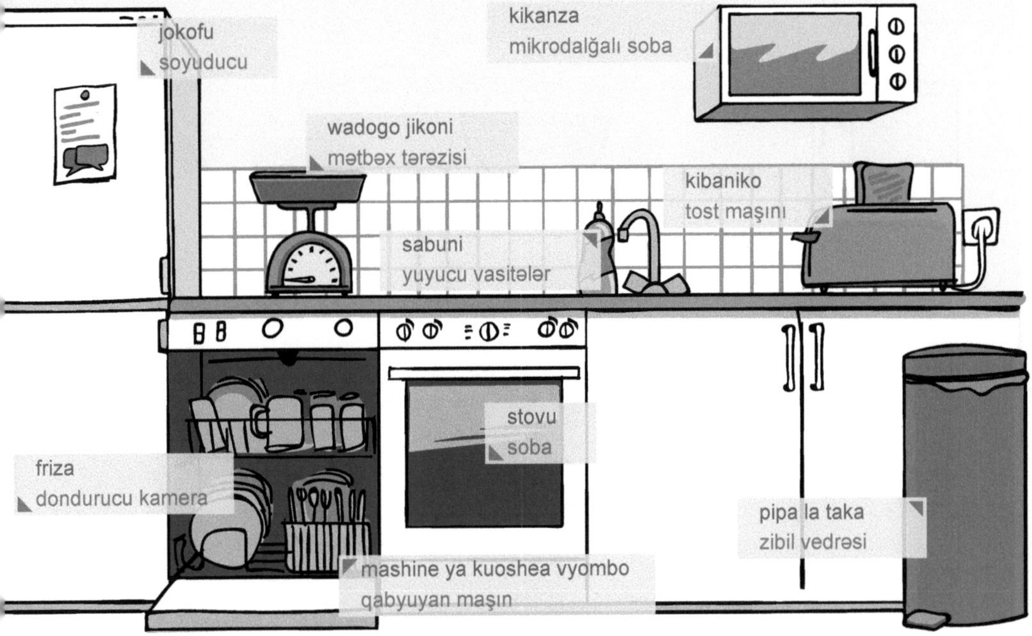

jokofu
soyuducu

kikanza
mikrodalğalı soba

wadogo jikoni
mətbəx tərəzisi

kibaniko
tost maşını

sabuni
yuyucu vasitələr

friza
dondurucu kamera

stovu
soba

pipa la taka
zibil vedrəsi

mashine ya kuoshea vyombo
qabyuyan maşın

jiko la kupika

soba

chungu

qazan

sufuria ya chuma

çuqun qazan

wok / kadai

vok / kadai

kaango

tava

birika

çaydan

stima

buxar qazanı

sinia ya kuoka

sac

vyombo vya udongo

qab

kombe

fincan

bakuli

ləyən

vijiti vya kulia

yemək üçün çubuqlar

ukawa

çömçə

mwiko mpana

spatula

burashi

çırpıcı

kichujio

süzgəc

chujio

ələk

mbuzi

sürtgəc

chokaa

həvəngdəstə

barbeque

barbekyu

moto wazi

ocaq

ubao wa majaribio

doğrama taxtası

kijiti cha kusukuma unga

oxlov

kizibuo

probkaçıxaran

kopo

banka

inaweza kopo

bankaağzıaçan

kishikio cha chungu

qabtutan

karo

əl üz yuyan

brashi

fırça

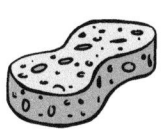

sifongo

süngər

kisagaji matunda

blender

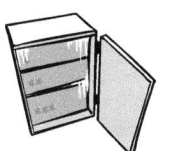

friji ya kina

dondurucu

chupa ya mtoto

körpə şüşəsi

bomba

kran

bafu
hamam otağı

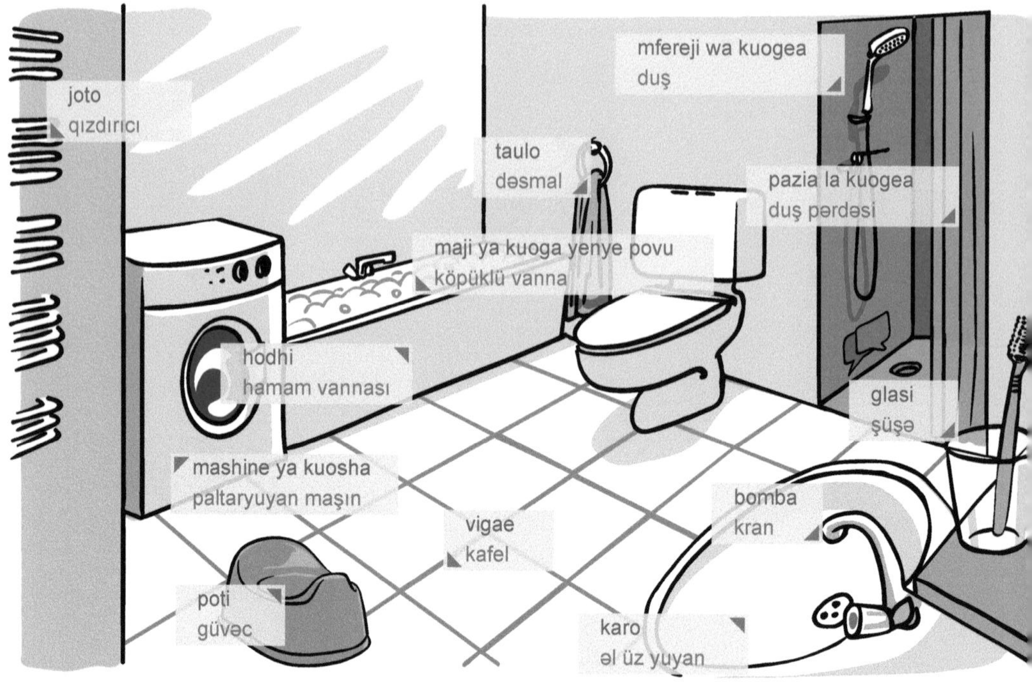
joto
qızdırıcı
mfereji wa kuogea
duş
taulo
dəsmal
pazia la kuogea
duş pərdəsi
maji ya kuoga yenye povu
köpüklü vanna
hodhi
hamam vannası
glasi
şüşə
mashine ya kuosha
paltaryuyan maşın
bomba
kran
vigae
kafel
poti
güvəc
karo
əl üz yuyan

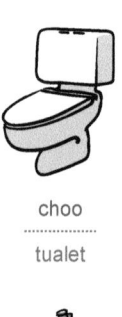

choo
tualet

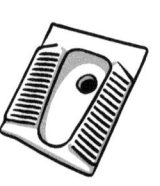

choo cha squat
çömbəlmə tualet

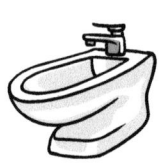

beseni la mviringo
bide

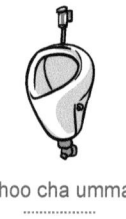

choo cha umma
urinal

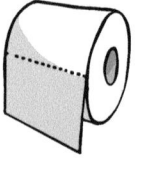

shashi
tualet kağızı

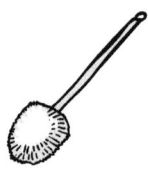

brashi ya choo
tualet fırçası

mswaki

diş fırçası

dawa ya meno

diş pastası

dawa ya meno

diş ipi

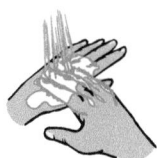

safisha

yumaq

kuoga mkono

əl duşu

msukumo wa maji

intim duş

bonde

taz

mpako wa pili

bel fırçası

sabuni

sabun

jeli ya kuogea

duş üçün gel

shampuu

şampun

flana

əsgi

toa maji

drenaj

krimu

krem

kiondoa harufu

dezodorant

kioo

güzgü

kioo mkono

əl güzgüsü

kinyozi

ülgüc

povu la kunyoa

üz qırxmaq üçün köpük

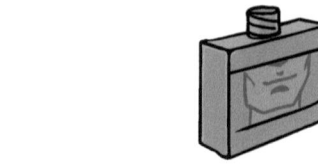

baada ya kunyoa

təraşdan sonra su

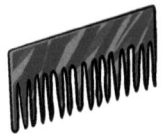

kichana

daraq

brashi

fırça

kikausha nywele

fen

marashi ya nyewele

saç spreyi

vipodozi

makiyaj

kidomwa

dodaq boyası

varnish ya msumari

dırnaq lakı

pamba

pambıq

mkasi wa kucha

dırnaq qayçısı

manukato

ətir

mkoba wa kuosha

gigiyenik torba

kinyesi

kətil

mizani

tərəzi

nguo ya kuoga

hamam xalatı

glavu za mpira

rezin əlcək

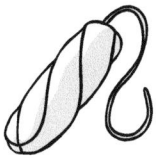

kisodo

tampon

sodo

gigiyenik salfet

kemikali choo

kimyəvi tualet

chumba ya mtoto
uşaq otaqı

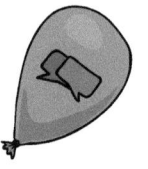

saa ya kengele
zəngli saat
kidoli cha kupakata
yumşaq oyuncaq
gari bandia
oyuncaq avtomobil
kelele
cingilti
chumba cha midoli
kukla evciyi
sasa
hədiyyə

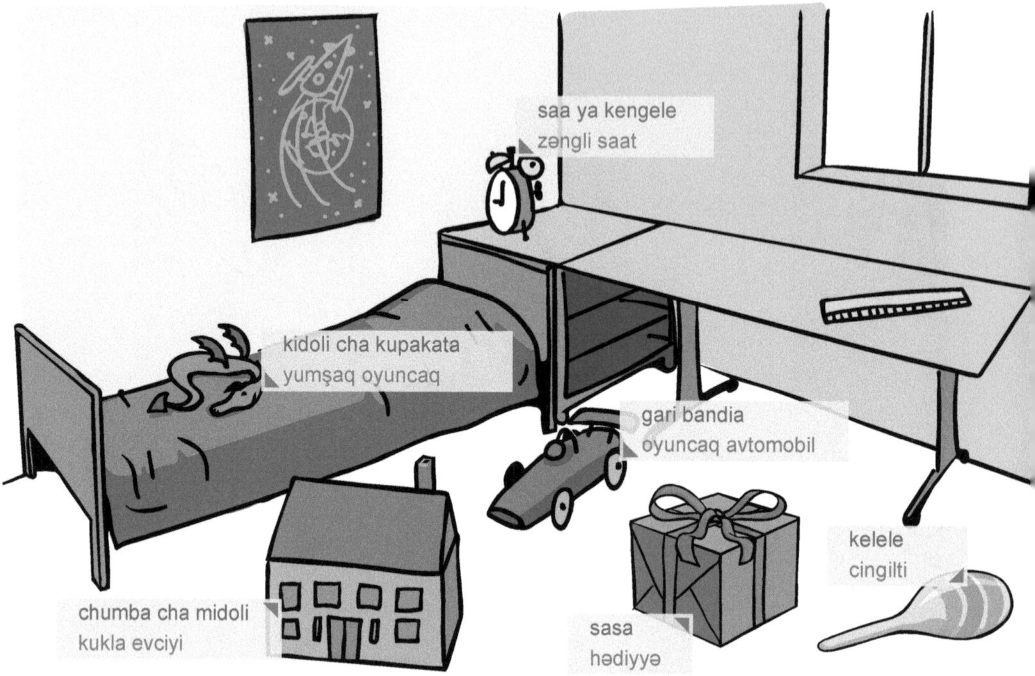

baluni

balon

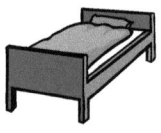

kitanda

yataq

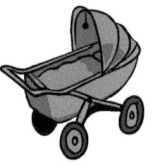

mashua

uşaq arabası

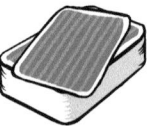

staha ya kadi

kart dəsti

mchezo-fumb

elektrik mişarı

SUPER MEGA

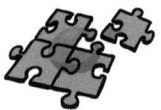

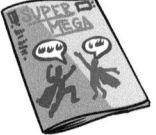

vichekesho

komik

matofali lego

leqo kərpici

vitalu mwigo

konstruktor blokları

hatua takwimu

oyuncaq-personaj

suti ya kulalia

yeni doğulmuş körpələr
üçün geyimi

kisahani

frisbi

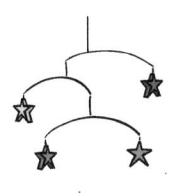

simu

yataq üstünə asılan körpə
oyuncağı

ubao wa michezo

masaüstü oyun

kete

zər

garimoshi mwigo

oyuncaq qatar

dummy

emzik

chama

qonaqlıq

picha kitabu

rəsmli kitab

mpira

top

kikaragosi

kukla

kucheza

oynamaq

shimo la mchanga

qum qutusu

bembea

yelləncək

vitu bandia

oyuncaqlar

kiweko cha video ya mchezo

video oyun konsolu

baiskeli ya magurudumu

üç təkərli velosiped

matatu

mwanasesere

plüşdən hazırlanmış oyuncaq ayı

kabati

şkaf

nguo

geyim

soksi

corab

stokingi

corab

kibano

kalqotka

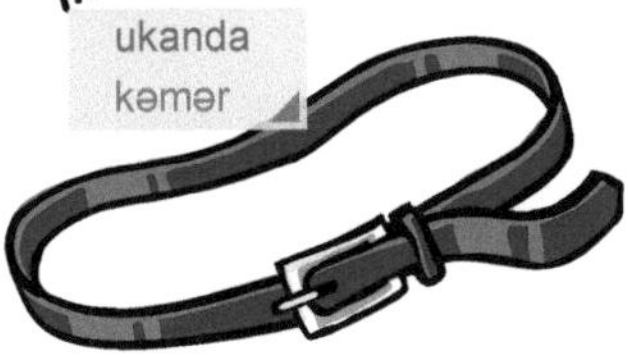

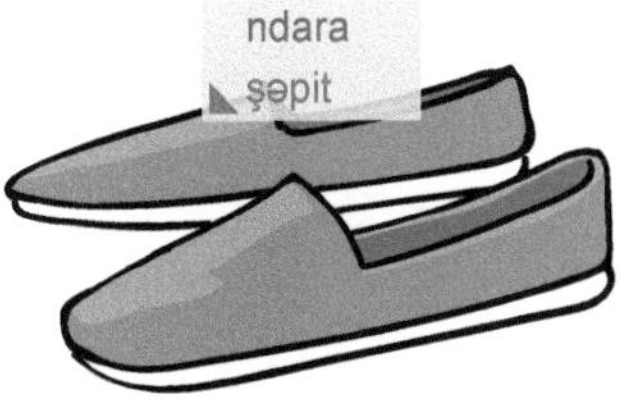

skafu
kaşne

mwavuli
çətir

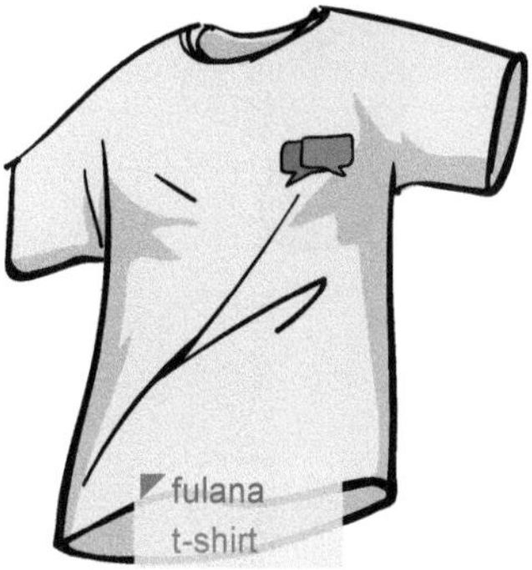

ukanda
kəmər

fulana
t-shirt

viatu
çəkmə

ndara
şəpit

wakufunzi
idman ayaqqabısı

malapa
....
sandallar

viatu
....
ayaqqabı

mabuti ya mpira
....
rezin çəkmələr

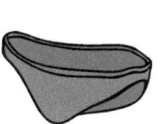

suruali ya ndani
....
dizlik

sidiria
....
lifçik

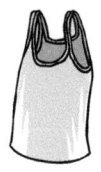

fulana
....
alt köynəyi

mwili

alt paltarı

suruali

şalvar

dangirizi

cins

sketi

yubka

blauzi

bluza

shati

köynək

vuta

sviter

sweta

başlıqlı idman gödəkçəsi

bleza

gödəkçə

jaketi

gödəkcə

koti

pencək

koti la mvua

plaş

maleba

kostyum

gauni

paltar

mavazi ya harusi

gəlin paltarı

suti

kostyum

vazi la usiku

gecə köynəyi

pajama

pijama

sari

sari

skafu

hicab / eşarp

kilemba

çalma

burka

burka

kaftan

kaftan

abaya

abaya

vazi la kuogelea

çimərlik geyimi

vazi la kiume la kuogelea

tumuş

kaptura

şort

teitei

məşq kostyumu

aproni

önlük

glavu

əlcək

kifungo

düymə

glasi

eynək

bangili

bilərzik

mkufu

boyunbağı

pete

üzük

herini

sırğa

kofia

papaq

kiango cha koti

asılqan

kofia

papaq

tai

qalstuk

zipu

zəncirbənd

kofia

dəbilqə

kanda za suruali

aşırma

sare za shule

məktəb uniforması

sare

uniforma

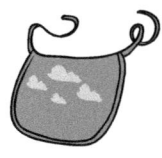

bibu

döşlük

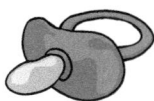

dummy

emzik

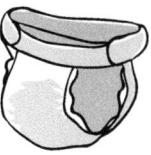

nepi

körpə bezi

ofisi

ofis

seva
server
kabati la kuweka faili
arxiv şkafı
kichapishaji
printer
karatasi
kağız
kiwambo
monitor
kipanya
siçan
dawati
iş masası
folda
qovluq
kibodi
klaviatura
u cha kuweka karatasi chafu
qutusu
kiti
stul
kompyuta
kompyuter

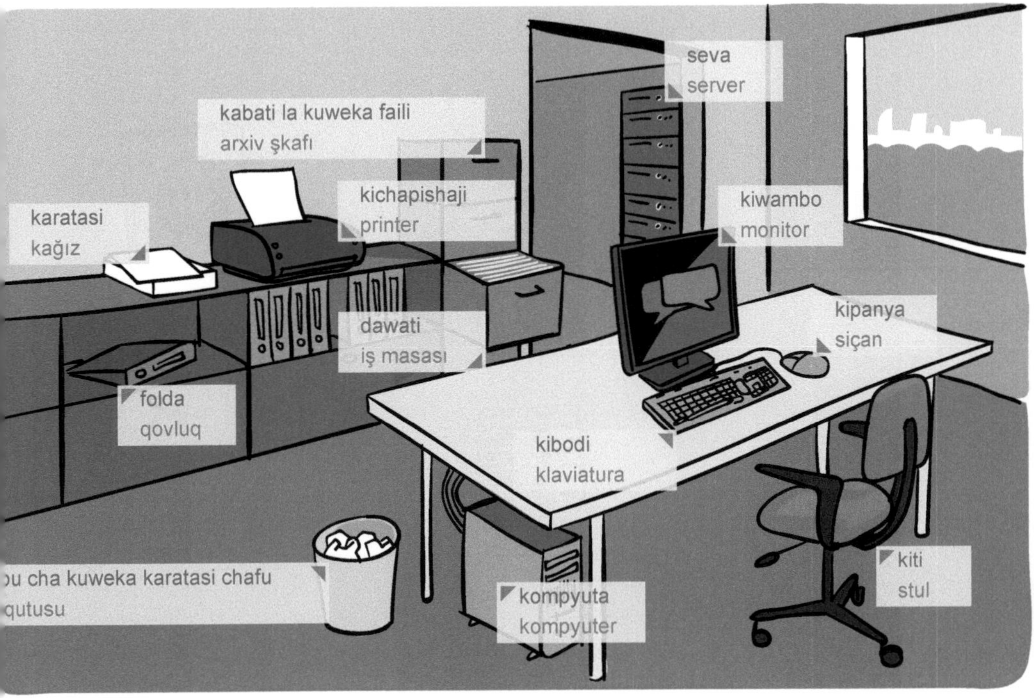

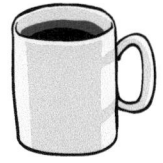

kmobe la kahawa

qəhvə fincanı

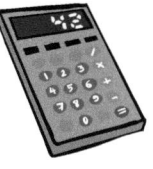

kikokotoo

kalkulyator

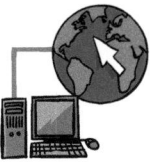

biashara

internet

mbali

laptop

barua

məktub

ujumbe

mesaj

rununu

mobil telefon

intaneti

şəbəkə

fotokopia

surətçıxaran maşın

programu

proqram təminatı

simu

telefon

soketi

ştepsel

kipepesi

faks

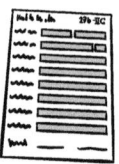

fomu

forma

hati

sənəd

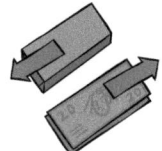

kununua
....
satın almaq

kulipa
....
ödəmək

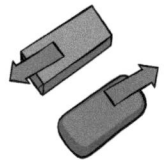

biashara
....
alverlə məşğul olmaq

fedha
....
pul

USD

dola
....
dollar

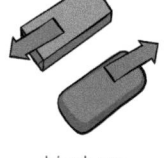
EUR

yuro
....
avro

JPY

yeni
....
yen

RUB

rouble
....
rubl

CHF

faranga ya Uswisi
....
frank

CNY

renminbi yuan
....
renminbi yuan

INR

rupia
....
rupi

eneo la kulipia
....
bankomat

ofisi ya ubadilishanaji

valyuta mübadiləsi
məntəqəsi

dhahabu

qızıl

fedha

gümüş

mafuta

neft

nishati

enerji

bei

qiymət

mkataba

müqavilə

kodi

vergi

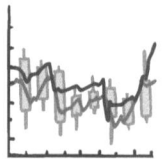

bidhaa

səhm

kazi

işləmək

mfanyakazi

işçi

mwajiri

işəgötürən

kiwanda

fabrik

duka

dükan

kazi
peşə

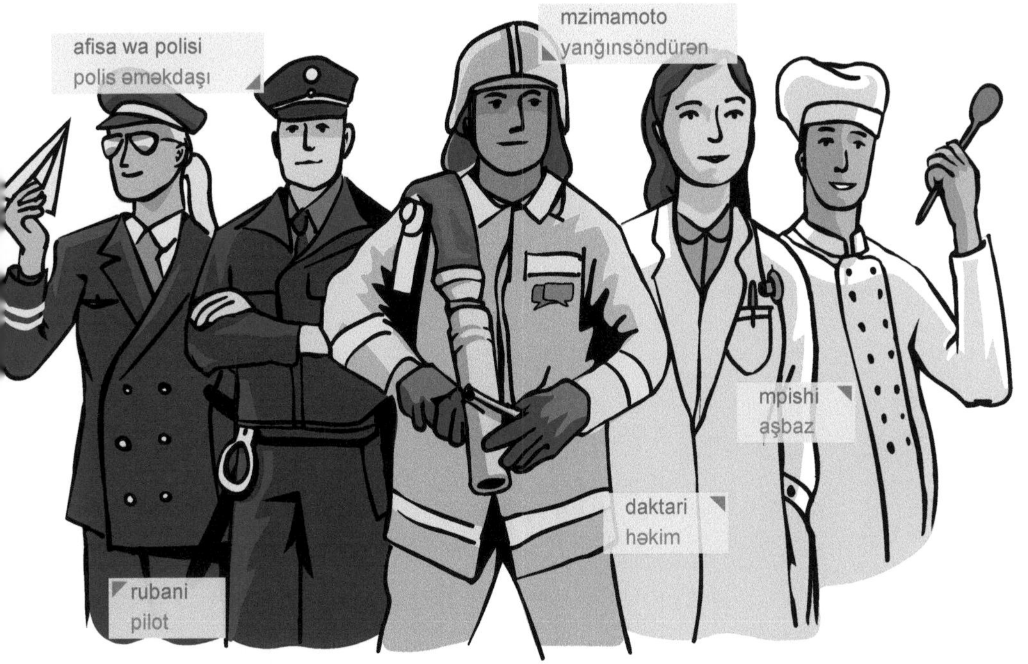

afisa wa polisi
polis əməkdaşı
mzimamoto
yanğınsöndürən
mpishi
aşbaz
daktari
həkim
rubani
pilot

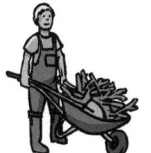

mtunza bustani
bağban

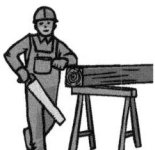

seremala
dülgər

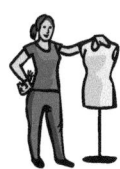

mshonaji
dərzi

hakimu
hakim

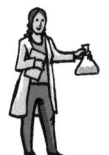

mwanakemia
kimyaçı

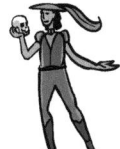

muigizaji
aktyor

dereva wa basi

avtobus sürücüsü

dereva wa teksi

taksi sürücüsü

mvuvi

balıqçı

mwanamke wa kusafisha

xadimə

mwezekaji

dam işçisi

mhudumu

ofisiant

mwindaji

ovçu

mchoraji

rəssam

mwokaji

çörəkçi

umeme

elektrik ustası

mjenzi

inşaat işçisi

mhandisi

mühəndis

mchinjaji

qəssab

fundi bomba

santexnik

mwanaposta

poçtalyon

mwanajeshi

əsgər

msanifu majengo

memar

keshia

kassir

muuza maua

gül-çiçək satıcısı

msusi

bərbər

kondakta

konduktor

mekanika

mexanik

nahodha

kapitan

daktari wa meno

diş həkimi

mwanasayansi

alim

rabbi

ravvin

imamu

imam

mtawa

rahib

kasisi

keşiş

zana
alətlər

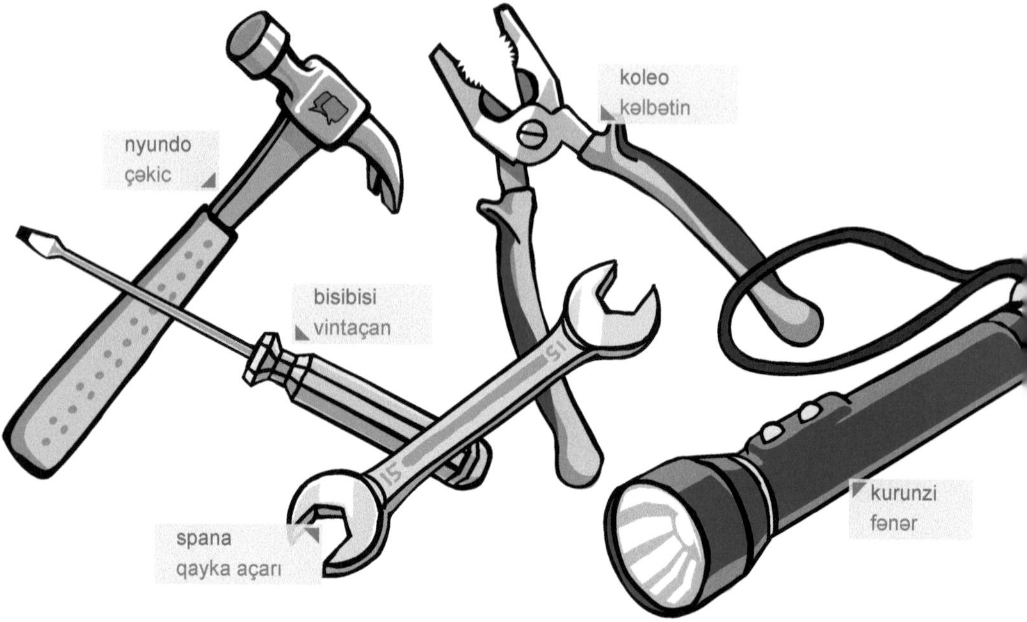
nyundo
çəkic
koleo
kəlbətin
bisibisi
vintaçan
spana
qayka açarı
kurunzi
fənər

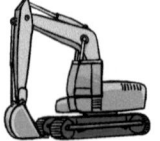

mchimbaji
ekskavator

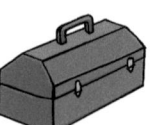

sanduku la vifaa
alətlər qutusu

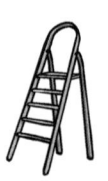

ngazi
nərdivan

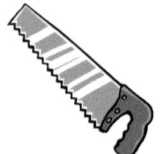

msumeno
mişar

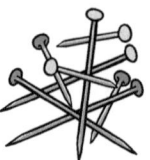

misumari
dırnaqlar

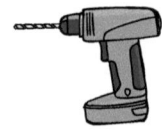

kuchimba visima
drel

kukarabati

təmir etmək

sepetu

kürək

Lo!

Lənət olsun!

kishikio cha uchafu

xəkəndaz

chungu cha rangi

boya vedrəsi

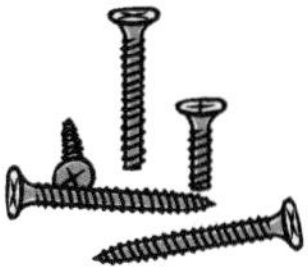

skurubu

vintlər

ala za muziki

musiqi alətləri

spika
dinamik

mpangilio wa ngoma
zərb alətləri

gita
gitara

besi mara mbili
kontrabas

tarumbeta
trompet

piano
fortepiano

fidla
skripka

ubeji
bas

timpani
timpani

ngoma
nağara

kibodi
sintezator

saksafoni
saksafon

filimbi
fleyta

maikrofoni
mikrofon

bustani ya wanyama

zoopark

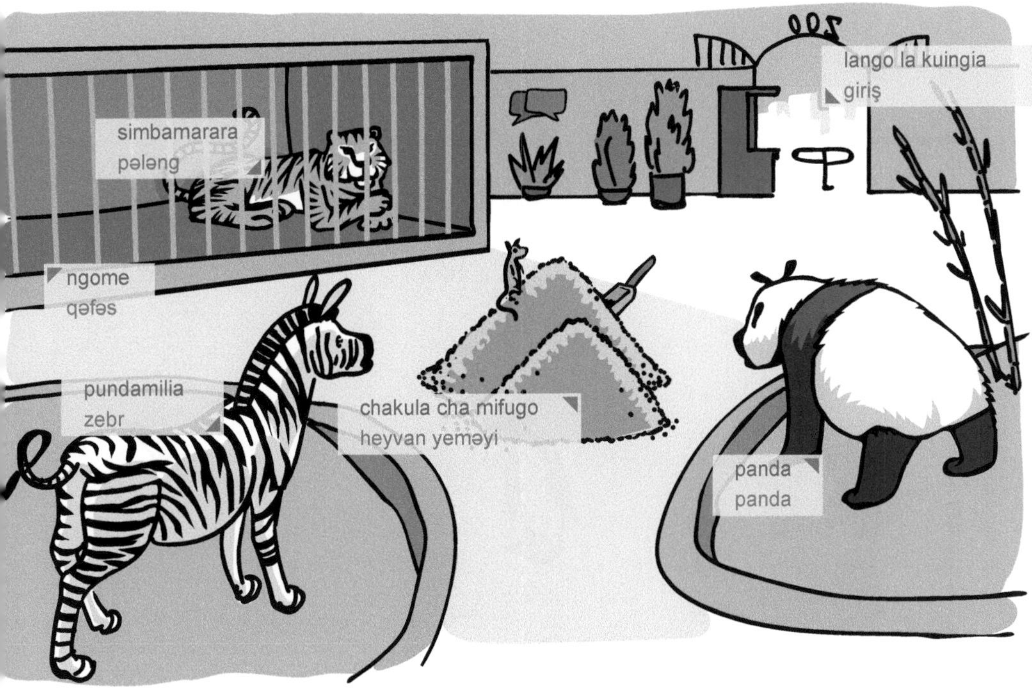

lango la kuingia
giriş
simbamarara
pələng
ngome
qəfəs
pundamilia
zebr
chakula cha mifugo
heyvan yeməyi
panda
panda

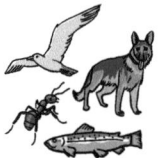

wanyama

heyvanlar

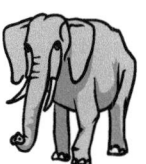

tembo

fil

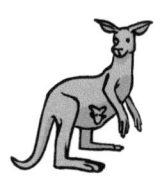

kangaruu

kenquru

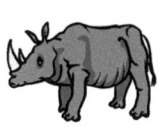

kifaru

kərgədan

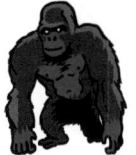

sokwe

qorilla

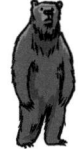

dubu

ayı

ngamia

dəvə

mbuni

dəvəquşu

simba

aslan

tumbili

meymun

heroe

flamingo

kasuku

tutuquşu

dubu

qütb ayısı

penguini

pinqvin

papa

köpəkbalığı

tausi

tovuz

nyoka

ilan

mamba

timsah

mtunza wanyama

zoopark işçisi

muhuri

suiti

jaguar

yaquar

mwanafarasi

poni

chui

bəbir

kiboko

hippopotam

twiga

zürafə

tai

qartal

nguruwe mwitu

qaban

samaki

balıq

kobe

tısbağa

sili

morj

mbweha

tülkü

paa

ceyran

soka ya marekani
amerikan futbolu

uendeshaji baiskeli
velosiped sürmək

tenisi
tennis

mpira wa kikapu
basketbol

kuogelea
üzgüçülük

ndondi
boks

magongo ya barafuni
buz xokkeyi

| soka | vinyoya | riadha |
| futbol | badminton | yüngül atletika |

| mpira wa mikono | skii | polo |
| həndbol | xizək | polo |

shughuli
fəaliyyət

kuruka
tullanmaq
kumbatia
qucaqlaşmaq
cheka
gülmək
kutembea
getmək
kuimba
oxumaq
ota ndoto
yuxu qörmək
kuomba
dua etmək
busu
öpüşmək

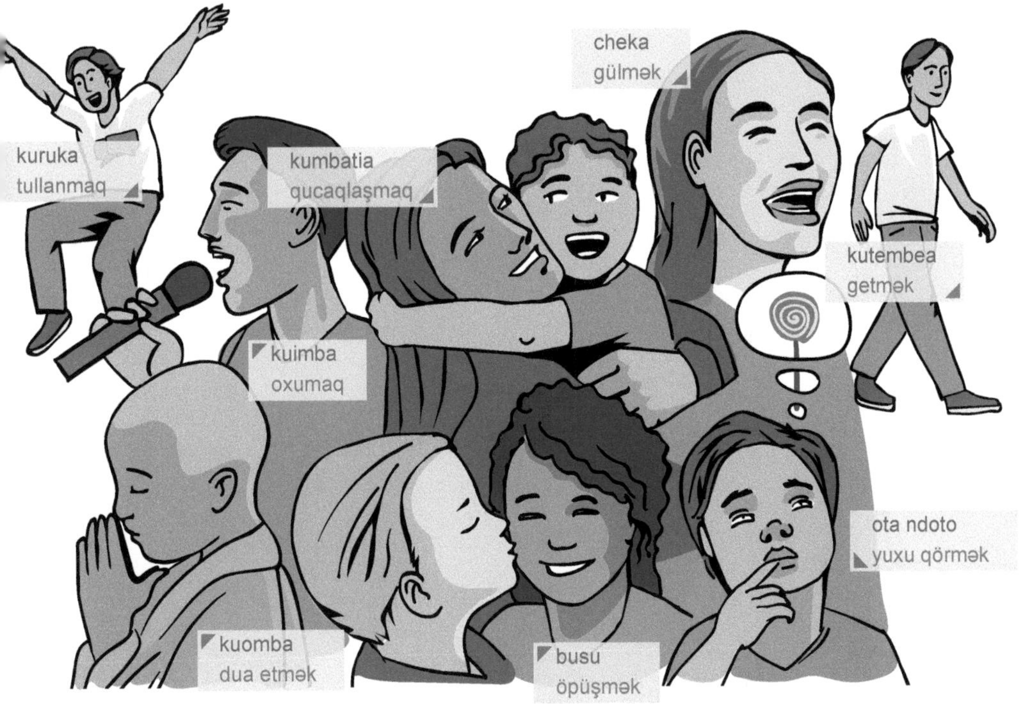

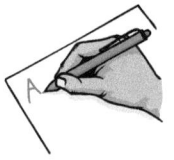

kuandika
yazmaq

kuteka
çəkmək

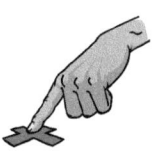

angalia
göstərmək

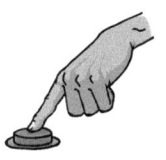

sukuma
itələmək

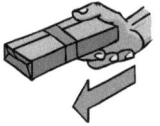

kutoa
vermək

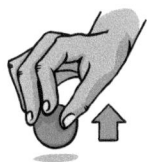

kuchukua
götürmək

kuwa

sahibi olmaq

fanya

etmək

kuwa

olmaq

kusimama

durmaq

kukimbia

qaçmaq

vuta

çəkmək

kutupa

atmaq

kuanguka

düşmək

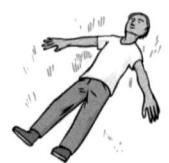

hadaa

uzanmaq

kusubiri

gözləmək

kubeba

daşımaq

kukaa

oturmaq

vaa nguo

geyinmək

usingizi

yatmaq

kuamka

ayılmaq

kuangalia

baxmaq

lia

ağlamaq

kiharusi

sığallamaq

chana nywele

daramaq

ongea

danışmaq

kuelewa

anlamaq

kuuliza

soruşmaq

kusikiliza

dinləmək

kunywa

içmək

kula

yemək

nadhifisha

təmizləmək

upendo

sevmək

mpishi

bişirmək

gari

sürmək

kuruka

uçmaq

meli

üzmək

kokotoa

hesablamaq

kusoma

oxumaq

kujifunza

öyrənmək

kazi

işləmək

kuoa

evlənmək

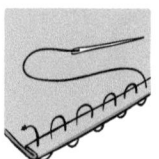

kushona

tikmək

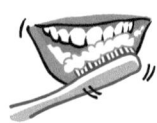

piga mswaki

dişləri təmizləmək

kuua

öldürmək

moshi

siqaret çəkmək

kutuma

göndərmək

familia
ailə

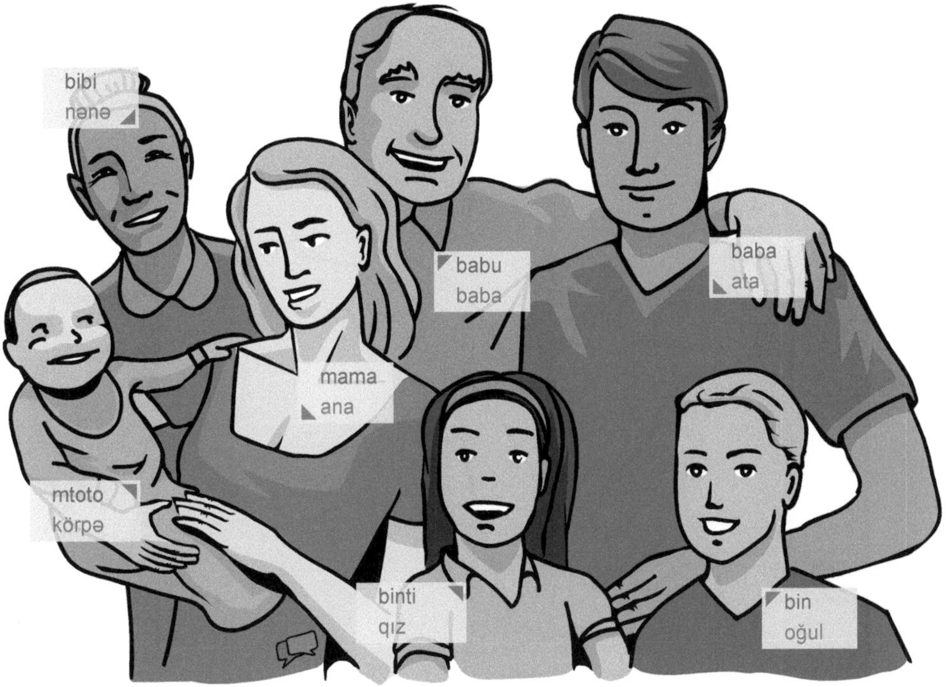

bibi
nənə
babu
baba
baba
ata
mama
ana
mtoto
körpə
binti
qız
bin
oğul

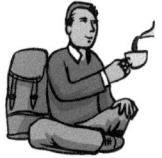

mgeni

qonaq

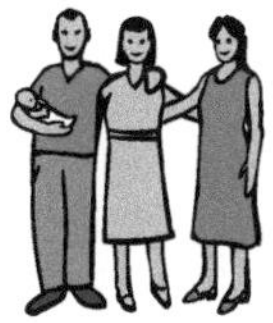

shangazi

xala/bibi

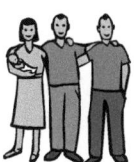

mjomba

əmi/dayı

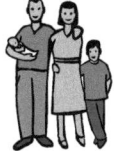

kaka

qardaş

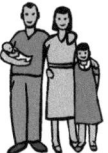

dada

bacı

mwili

bədən

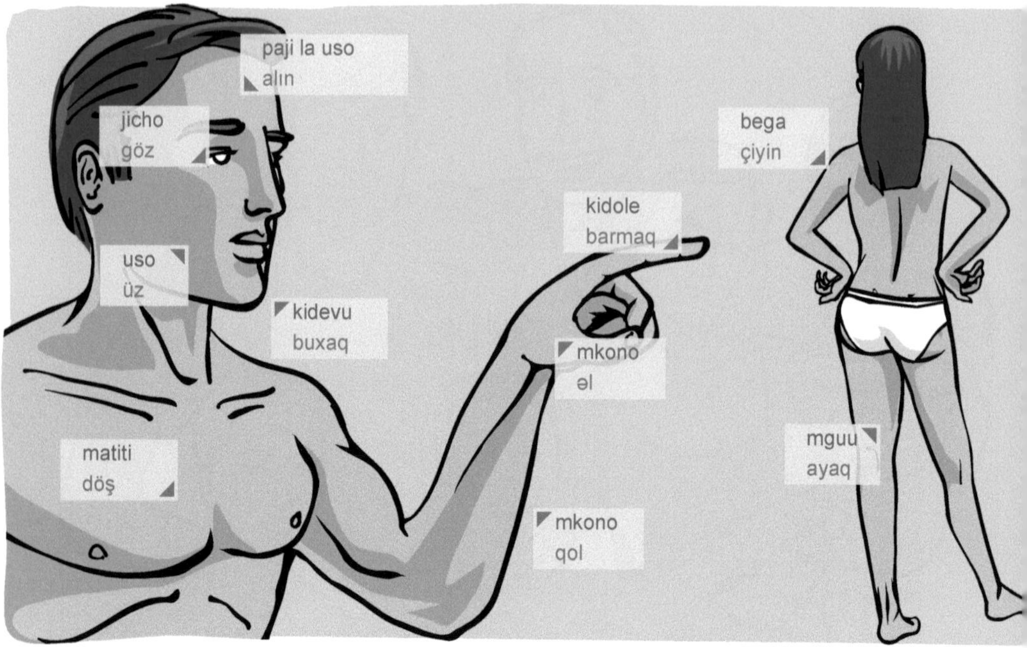

paji la uso
alın

jicho
göz

bega
çiyin

kidole
barmaq

uso
üz

kidevu
buxaq

mkono
əl

matiti
döş

mguu
ayaq

mkono
qol

mtoto

körpə

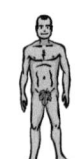

mwanamume

kişi

mwanamke

qadın

msichana

qız

mvulana

oğlan

kichwa

baş

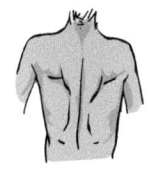

nyuma

bel

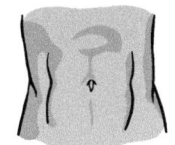

tumbo

qarın

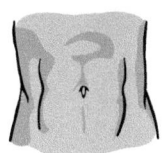

kitovu

göbək

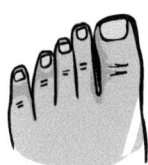

chano

ayaq barmağı

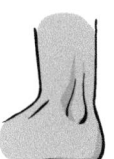

kisigino

daban

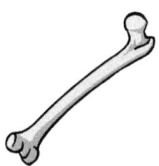

mfupa

sümük

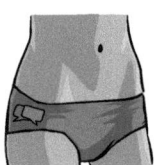

nyonga

bud

goti

diz

kiwiko

dirsək

pua

burun

chini

sağrı

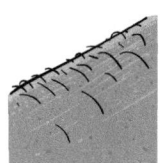

ngozi

dəri

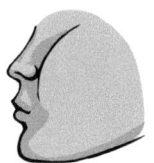

shavu

yanaq

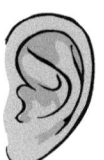

sikio

qulaq

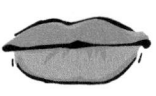

mdomo

dodaq

kinywa

ağız

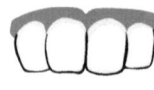

jino

diş

ulimi

dil

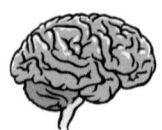

ubongo

beyin

moyo

ürək

misuli

əzələ

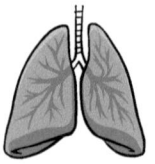

pafu

ağciyər

ini

qaraciyər

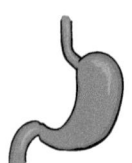

tumbo

mədə

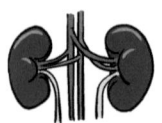

figo

böyrəklər

jinsia

cinsi yaxınlıq

kondomu

kondom

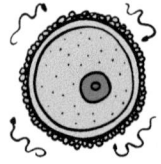

ovari

qadın cinsi hüceyrə

shahawa

sperma

mimba

hamiləlik

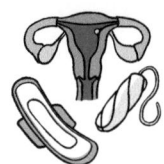

hedhi
aybaşı

uke
vagina

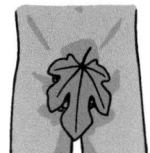

uume
penis

unyusi
qaş

nywele
saç

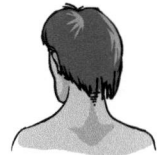

shingo
boyun

mwili - bədən

hospitali
xəstəxana

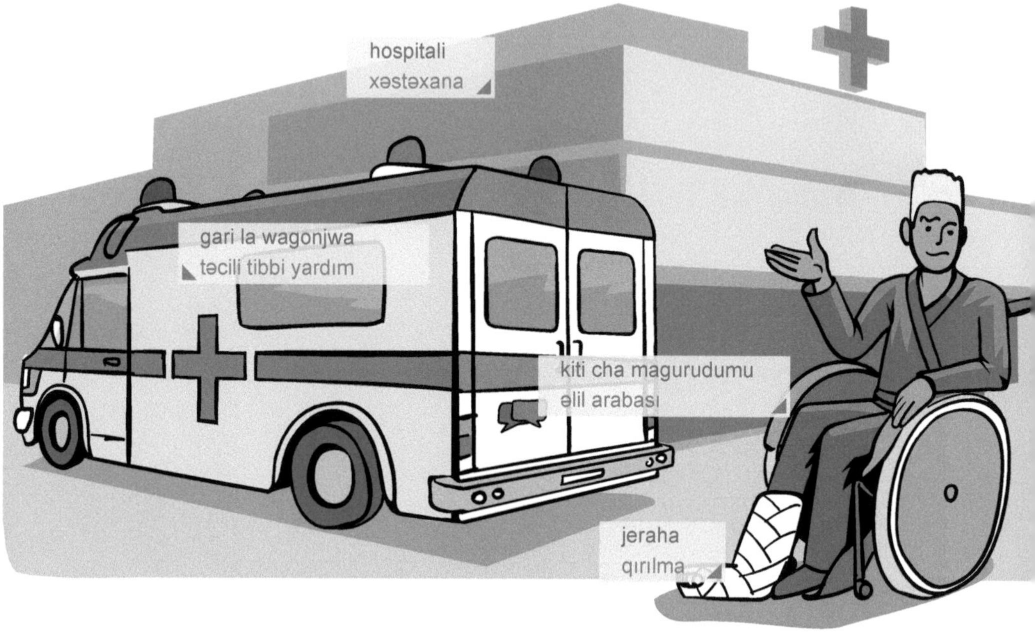

hospitali
xəstəxana
gari la wagonjwa
təcili tibbi yardım
kiti cha magurudumu
əlil arabası
jeraha
qırılma

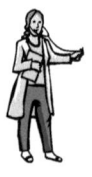

daktari

həkim

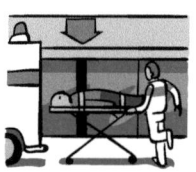

chumba cha dharura

reanimasiya şöbəsi

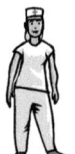

muuguzi

tibb bacısı

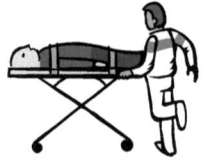

dharura

fövqəladə hallar

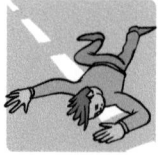

kupoteza fahamu

huşunu itirmiş

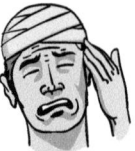

maumivu

ağrı

kuumia

zədə

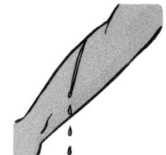

kutokwa na damu

qanaxma

mshtuko wa moyo

infarkt

kiharusi

insult

mzio

allergiya

kikohozi

öskürək

homa

qızdırma

mafua

qrip

kuharisha

ishal

maumivu ya kichwa

başağrısı

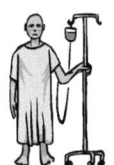

kansa

xərçəng

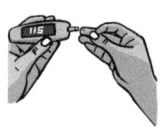

ugonjwa wa kisukari

şəkərli diabet

daktari mpasuaji

cərrah

kisu kidogo cha kupasulia

neştər

operesheni

əməliyyat

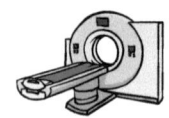

picha changanufu ya mwili

CT

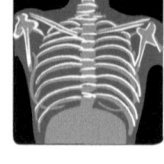

Eksrei

rentgen

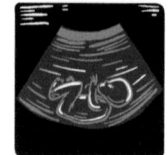

mawimbi sauti

ultrasəs

barakoa ya uso

maska

ugonjwa

xəstəlik

chumba cha kusubiri

gözləmə otağı

mkongojo

qoltuqağacı

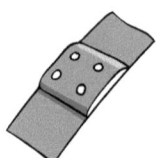

plasta

plaster

bendeji

sarğı

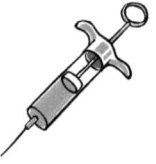

sindano

inyeksiya

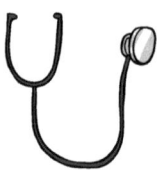

stetoskopu

steteskop

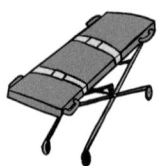

machela

xərək

kipimajoto cha kliniki

hərarətölçən

kuzaliwa

doğum

unene kupita kiasi

çəki artıqlığı

hospitali - xəstəxana

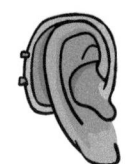

kusikia misaada

eşitmə aparatı

kipukusi

dezinfeksiyaedici

maambukizi

infeksiya

virusi

virus

VVU / UKIMWI

QİÇS

dawa

tibb

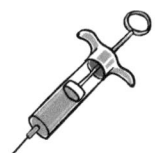

chanjo

peyvənd

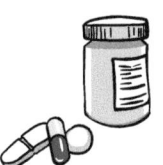

vidonge

həblər

kidonge

həb

simu ya dharura

təcili zəng

haemodainamometa

qan təzyiqini ölçmək üçün
cihaz

mgonjwa / mwenye afya

xəstə / sağlam

Msaada!

Kömək edin!

kengele

həyəcan siqnalı

pigo

basqın

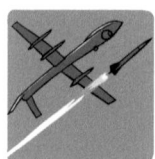

shambulizi

hücum

hatari

təhlükə

lango la dharura

ehtiyat çıxışı

Moto!

Yanğın!

kizima moto

odsöndürən

ajali

qəza

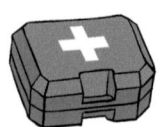

vifaa vya huduma ya
kwanza

ilkin yardım qutus

wito wa msaada

SOS

polisi

polis

Ulaya

Avropa

Amerika ya Kaskazini

Şimali Amerika

Amerika ya Kusini

Cənubi Amerika

Afrika

Afrika

Asia

Asiya

Australia

Avstraliya

Atlantiki

Atlantik

Pasifiki

Sakit Okean

Bahari ya Hindi

Hind okeanı

Bahari ya Antaktiki

Antarktika Okeanı

Bahari ya Aktiki

Şimal Buzlu okeanı

Ncha ya Kaskazini

Şimal qütbü

Ncha ya Kusini
Cənub qütbü

Antaktika
Antarktika

dunia
Yer kürəsi

nchi
ölkə

bahari
dəniz

kisiwa
ada

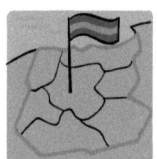

taifa
millət

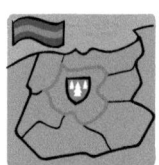

jimbo
dövlət

uso wa saa

siferblat

akrabu ya saa

saat əqrəbi

akrabu ya dakika

dəqiqə əqrəbi

akrabu ya sekunde

saniyə əqrəbi

Ni saa ngapi?

Saat neçədir?

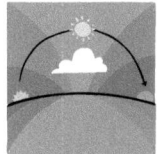

siku

gün

wakati

vaxt

sasa

indi

saa ya dijitali

rəqəmsal saat

dakika

dəqiqə

saa

saat

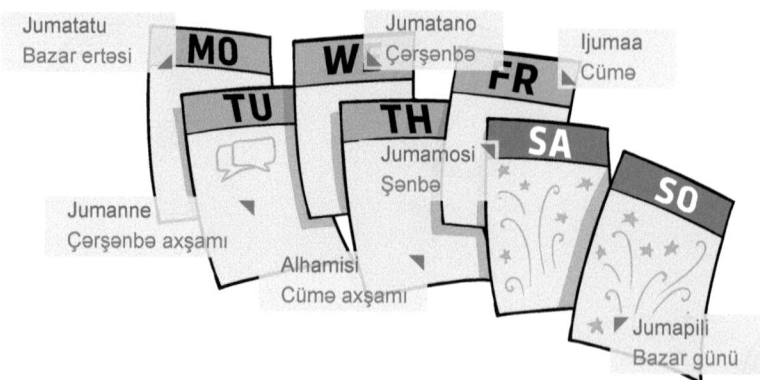

Jumatatu
Bazar ertəsi

MO

W

Jumatano
Çərşənbə

Ijumaa
Cümə

TU

TH

FR

Jumamosi
Şənbə

SA

SO

Jumanne
Çərşənbə axşamı

Alhamisi
Cümə axşamı

Jumapili
Bazar günü

jana

dünən

leo

bugün

kesho

sabah

asubuhi

səhər

saa sita mchana

günorta

jioni

axşam

siku za biashara

iş günü

mwishoni mwa wiki

həftə sonu

mwaka

il

mvua
yağış
upinde wa mvua
göy qurşağı
upepo
külək
theluji
qar
majira ya machipuko
yaz
vuli
payız
kiangazi
yay
majira ya baridi
qış

4.APRIL 11°
5.APRIL 4°
6.APRIL 13°
7.APRIL 8°
8.APRIL 10°

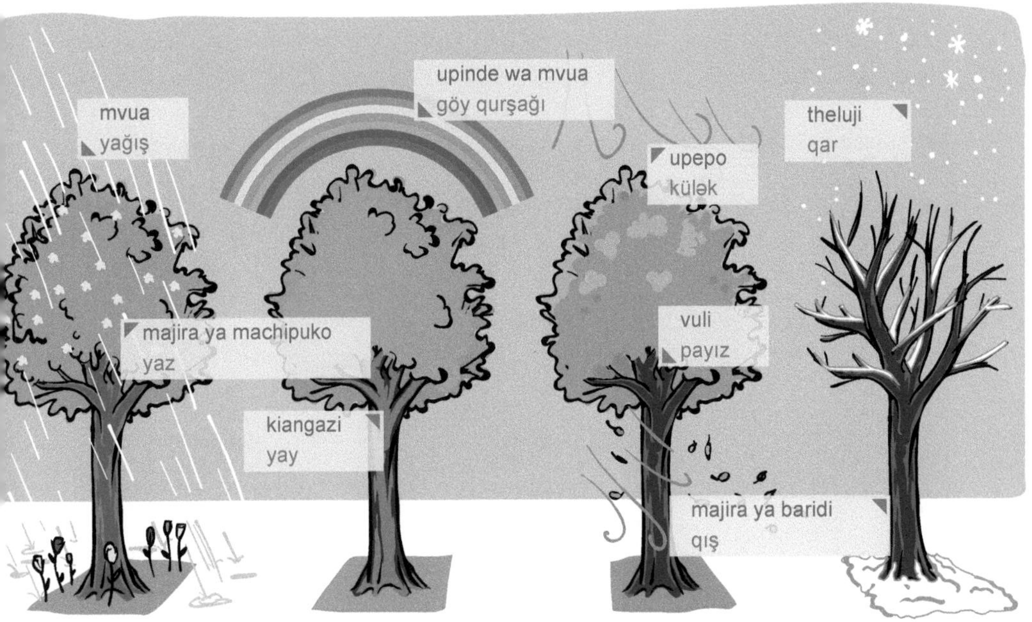

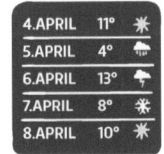

utabiri wa hali ya hewa

hava proqnozu

F C
120 40
90 30
60 20
30 10
0 0
-30 -10
-20

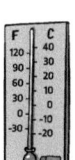

kipimajoto

termometr

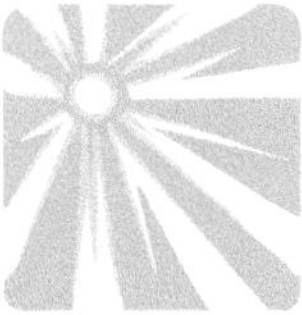

mwanga wa jua

günəş işığı

wingu

bulud

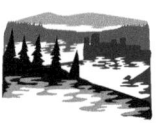

ukungu

duman

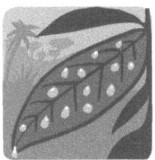

unyevu

rütubət

umeme

ildırım

radi

göy gurultusu

dhoruba

fırtına

mvua ya mawe

dolu

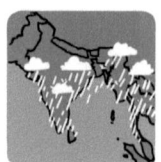

monsuni

musson

mafuriko

daşqın

barafu

buz

Januari

yanvar

Februari

fevral

Machi

mart

Aprili

aprel

Mei

may

Juni

iyun

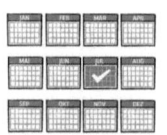

Julai

iyul

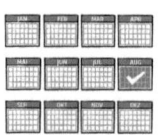

Agosti

avqust

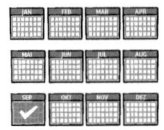

Septemba
....
sentyabr

Oktoba
....
oktyabr

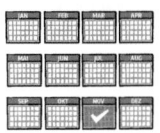

Novemba
....
noyabr

Desemba
....
dekabr

mduara
....
dairə

mraba
....
kvadrat

mstatili
....
düzbucaqlı

pembetatu
....
üçbucaq

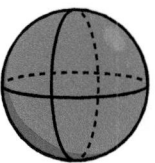

nyanja
....
kürə

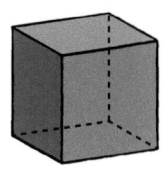

mchemraba
....
kub

nyeupe

ağ

manjano

sarı

chungwa

narıncı

rangi ya waridi

çəhrayı

nyekundu

qırmızı

hudhurungi

bənövşəyi

bluu

mavi

kijani

yaşıl

hanja

palıdı

jivujivu

boz

nyeusi

qara

mengi / kidogo

çox / az

hasira / pole

qeyzli / sakit

nzuri / mbaya

yaraşıqlı / eybəcər

mwanzo / mwisho

başlanğıc / son

kubwa / ndogo

böyük / kiçik

angavu / giza

işıqlı / qaranlıq

kaka / dada

qardaş / bacı

safi / chafu

təmiz / kirli

kamilika / tokamilika

tam / natamam

siku / usiku

gündüz / gecə

wafu / hai

ölü / diri

pana / nyembamba

geniş / dar

kulika / kutolika

yemeli / yeyilməyən

ovu / ema

hirsli / mehriban

sisimkwa / udhika

həyəcanlı / bezmiş

nene / nyembamba

kök / arıq

kwanza / mwisho

ilk / son

rafiki / adui

dost / düşmən

jaa / tupu

dolu / boş

ngumu / laini

sərt / yumşaq

nzito / nyepesi

ağır / yüngül

njaa / kiu

aclıq / susuzluq

mgonjwa / mwenye afya

xəstə / sağlam

haramu / kisheria

qanunsuz / qanuni

akili / kijinga

ağıllı / axmaq

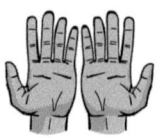

kushoto / kulia

sol / sağ

karibu / mbali

yaxın / uzaq

kinyume - əksinə

mpya / kutumika

yeni / istifadə edilmiş

kitu / jambo

heç bir şey / bir şey

zee / changa

qoca / gənc

waka / zima

açma / bağlama

wazi / fungwa

açıq / bağlı

utulivu / kelele

sakit/ bərk

tajiri / masikini

varlı / kasıb

sahihi / kosa

düzgün / səhv

mbaya / laini

kobud / hamar

huzunika / furahia

kədərli / xoşbəxt

fupi /ndefu

qısa / uzun

polepole / haraka

yavaş / sürətli

nyevu / kavu

yaş / quru

joto / baridi

isti / sərin

vita / amani

müharibə / sülh

0
sufuri
sıfır

1
moja
bir

2
mbili
iki

3
tatu
üç

4
nne
dörd

5
tano
beş

6
sita
altı

7
saba
yeddi

8
nane
səkkiz

9
tisa
doqquz

10
kumi
on

11
kumi na moja
on bir

12
kumi na mbili

on iki

13
kumi na tatu

on üç

14
kumi na nne

on dörd

15
kumi na tano

on beş

16
kumi na sita

on altı

17
kumi na saba

on yeddi

18
kumi na nane

on səkkiz

19
kumi na tisa

on doqquz

20
ishirini

iyirmi

100
mia

yüz

1.000
elfu

min

1.000.000
milioni

milyon

Kiingereza

İngilis dili

Kiingereza cha Marekani

İngilis dilinin amerikan
variantı

Kimandarini cha Uchina

Çin dilinin Mandarin dialekti

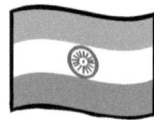

Kihindi

Hind dili

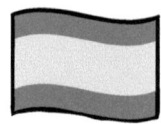

Kihispania

İspan dili

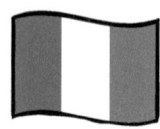

Kifaransa

Fransız dili

Kiarabu

Ərəb dili

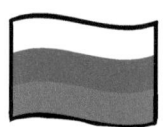

Kirusi

Rus dili

Kireno

Portuqal dili

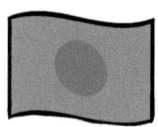

Kibengali

Benqal dili

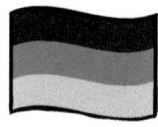

Kijerumani

Alman dili

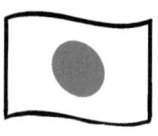

Kijapani

Yapon dili

mimi

mən

wewe

sən

yeye / yeye / ni

o / o / o

sisi

biz

wewe

siz

wao

onlar

nani?

kim?

nini?

nə?

jinsi gani?

necə?

wapi?

harada?

lini?

nə zaman?

jina

ad

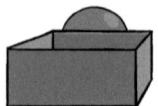

nyuma

arxadan

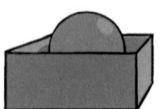

katika

içində

mbele ya

qarşısında

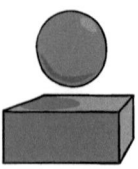

juu ya

üzərində

kwenye

dair

chini ya

altında

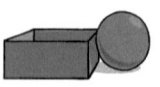

kando

yanaşı

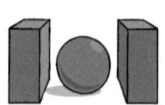

kati

arasında

mahali

yer